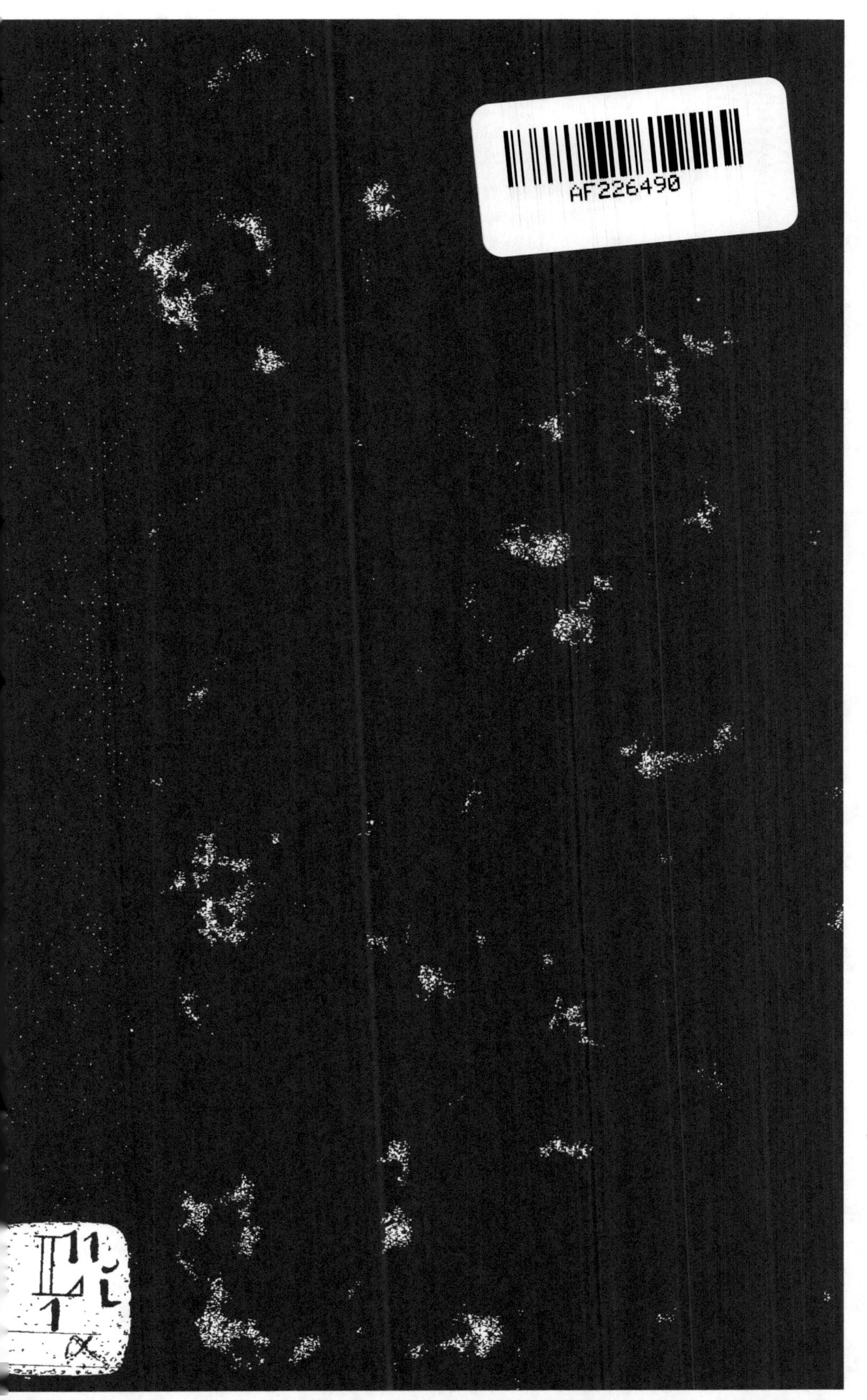
AF226490

LA GRANDE
PROPRIETE
DES BOTTES SANS CHE-
ual en tout temps

Nouuellement descouuerte auec leurs appartenances dans le grand Magasin des Esprits curieux

Subject du present discours.

Ie ne crain point d'auoir mon bas crotté
Car en tout temps sans Cheual suis botté
Ce noble estat m'espargne argent & Page,
Laquais, cheual, foin, auoine, & fourrage.

A PARIS,

Chez PIERRE MENIER portier de la porte
Sainct Victor.

*o bella còfa , difoit dernierement vn Ramonneur
Lombard , voyant la merueille des bottes.*

Difons donc.

HO Meſſieurs, venez voir, venez voir, & toſt donc
voicy l'inuention des inuentions, voire la plus belle
choſe qui ſe puiſſe trouuer au ratelier du grand choſier.
Or eſcoutez donc, car vous verrez & orrez merueilles.
Ie ſouppois dernierement auec le bon pere Crito, (ie
m'enten bien) il eſtoit auſſi vn peu Philoſophe, & venoit
tout eſtonné de faire la ronde autour de l'eſquadre des
fols : & pour m'aſſurer de ſon dire, me jura ſur ſon court
& large coutelas, qu'il n'eſtoit plus ſi fol qu'il ſouloit
eſtre au temps du Philoſophe Menippus, qui portoit
touſiours le pacquet de ſa folie ſur luy ſoit qu'il allaſt aux
champs, ou qu'il fut de ſejour en la ville. Reüenant donc
dit-il, de ce beau pays des fols, il dit qu'il eut beaucoup
de peine à retrouuer le chemin car l'air inferieur en eſtoit
tout obſcurcy, & ne ſçauoit lequel regarder, tant il y en
auoit. Entre autres il vit la nouuelle façon des bottes ſãs
cheuaux, & en fut tout eſtonné, veu que ce n'eſt la cou-
ſtume en France d'auoir des bottes s'il n'y a cheual en
l'eſcurie : mais il s'aduiſa & dit en ſoy-meſme, peut eſtre
helas! que ie me ſuis fouruoyé, & que ie ſuis en l'autre
monde, & cherchant de tous coſtez s'aſſeura cognoiſſant
qu'il eſtoit à Paris, & ſceut par vn ſauetier au coin d'vne
ruë l'occaſion de tant de bottes ſans cheuaux : Et beu-
uans enſemble ledit ſauetier (ſalua reuerentia veſtra) luy
dit, Monſieur, vous qui venez de loin n'auez vous point
appris par ouyr dire, pourquoy vous voyez tant de gens
bottez? Il y a icy ie me doute de la ruſe & de la fineſſe ça-

chée, ie vous le diray, puis qu'il vous plaist me faire cest honneur que beuuions icy particulierément au fond de ceste caue, personne ne nous orra c'est (mais à vos graces cependant) qu'vn certain quidam gentil-homme sans nom, botté & espronné comme vn coq, mais sans cheual est arriué en ceste ville n'y a pas long temps & feignant estre quelque grand entrepreneur, promit à plusieurs vn secret pour paroistre galand-homme , & contre-faire le Courtisan, ô que cela plaist à plusieurs auiourd'huy, qui demandent à ces pauures Col-porteurs, & bien mon maistre y a il rien de nouueau? qu'est-ce que tu as là dans ta bale? n'est ce que cela ? n'as tu rien que cela de nouueau ? & disant cela noublient vne autre nouu lle façon de se curer les dents, mais helas! les miserables n'ôt encor desieuné quoy qu'il soit trois heures apres midy, faute d'vn sol pour demy septier, & deux liards de pain, & ils demandent de la nouueauté, c'est bien raison, puis que Moustafa porte des bottes, cheminant superbement les mains sur les costez comme pots à anses, desdaignans moustachiquement tout ce qu'ils rencontrent : leurs foudroyantes espees peuplent presques tous les cimetiers de corps, lesquels apres auoir esté tuez de telles gens, ne laissent de se bien porter par apres. Et qui pis est de leur regard louchant soubs vn bran-branlant pennache de demy quart d'escu ils font presques fremir Iuppin qui est sur le point, ce leur semble, de leur cedder son foudre & son Aigle pour auoir paix auec eux, nonobstant qu'ils ne facent peur qu'aux limaçons, mousches & sauterelles. Ie m'asseure que si le plaisant Lucian les rencontroit, il s'en riroit démesurément, & par pitié leur donneroit de ses roses, pour d'asnes comme il fut autrefois les faire deuenir hommes, afin qu'estans deschargez du fardeau de folie, ils peussent passer la barque de Charon & aller hors de nostre Sphære danser aux champs Elisiens mais à propos de bottes (nous en dirons ce qu'il faut sur la fin) nostre

Crito dit auoir ouy vne grãde plainte, c'est que les Chap
peliers sont tout estonnez, non seulement de tant de
bottes nouuelles, mais aussi des nouueaux chappeaux,
pour accompagner lesdictes bottes plus de la moitié de
la sauaterie, & disent qu'en cela ils perdent l'escrime, &
le meilleur de leur Latin, qu'oy qu'il n'y en ait gueres, car
en la frabrique des chappeaux l'vn les veut pointus en
pyramides, à la façon d'vn pain de sucre qui dansent en
cheminant sur la perruque acheptee au Palais, garnie de
sa moustache à queuë de rat, derriere l'oreille: autres les
veulent plats façon de chasse, ou à la Cordeliere, retrous
sez d'vn cesté, en façon de mauuais garçon, auec vn mor
ceau de plume verter, iaulne rouge, grise, ou autrement &
voila le galand. Autres en veulent en façon de Turban
leuantin ou moscouita, ronds & peu de bords, pour dire,
ie ne suis plus Françez, c'est comme on parle maintenant
ie veux vne nouuelle façon. Et quoy ne paroistray-ie pas
botté, espronné, moutaché & guirlandé? si feray dea:
c'est la verité, monsieur, vous estes braue comme cela, &
si paroissiez autrement, vous vous pourriez bien hardi
ment dire descheu du point d'honneur & n'oseriez vous
trouuer au Lendit de Sainct Denys. Vne autre nouueauté, c'est les habits de certaines Damoiselettes imprimées
nouuellement qui sont habillées à la Suisse faisant boufer
hors des manches le taffetas comme les brayettes d'iceux
Suisses, où il y a du nez quoy qu'on en die, mais elle ga-
stent toute la bigarure auec leurs faulses perruques, saul
poudrées de poudre de Cypre (c'est discrettement fait)
à sçauoir pour corrompre vne plus mauuaise odeur ca-
chée dessouz, *& pro causa*. Ie les entends desia, ce me semble, car elles ont bon caquet, nostre Dame, mamie, ma
commere, qu'est cecy? dequoy se mesle-on? qu'a-on affaire de nos menuës folies? patience Damoiselles, at-
tendez, *& non fumetis*, ayez patience. Elles portent encor
(ha maistre Crito vous direz tout à la fin) le teton bon-

dissant, & releué par engins au dehors, pour donner appetit & passetemps aux altérez : ainsi marchoit Thias de Corinthe, Flora Romaine & autres femmes lasciues: & suiuant cela, on dit que bon vin n'a besoin de bouchon.

Mais i'ay pensé oublier le principal c'est que pour porter proprement tellee bottes, il faut s'accoustumer á dire chouse, ie venés, ie dises iestés, Anglés Francés & autre tel barragoin estranger, & qui n'a ceste piece en sa valise qu'il se garde bien pour son honneur de porter des bottes de Cordonnier, soit de la Sauaterie, car elles sont aujourd'huy cause d'vn grand bruict, d'autant que les maistres cordonniers sont sur le point de se bien galer auec les sauetiers, car il n'y a qu'eux qui vendent des bottes frippées à vn quart d'escu ou vingt sols. Ils en veulent aussi aux ferronniers de la vallée de Misere pour les vieux esperons. Autre grand debat s'est esmeu entre les maquinons, vendeurs de cheuaux auec les susdits sauetiers, car ils veulent sçauoir quoy qu'il en soit d'où ils ont tant de bottes, & eux ne vendent point de cheuaux, & asseurent en leurs articles qu'il y a de la troperie, veu qu'il n'y peut auoir tant de bottes sans cheuaux. Mais l'affaire n'a point esté si aigre, car les sauetiers ont representé (descouurant le secret du susdit gentil-homme sans nom) que les grandes boues de Paris estoient cause de telle confusion de bottes & qu'vn homme a plustost trouué vingt sols pour vne paire de bottes que vingt escus pour vn meschant cheual, ioint qu'elles sont propres du tout pour espargner souliers, bas de chausses, se garder des crottes, & espargner le foin & l'auoine pour vn cheual, & qui plus est vn homme botté & esperonné, est estimé, peu s'en faut Gentil-homme. & a plus de credit à la rotisserie & au tripot, attendant les foins nouueaux. Ces considerations diligemment & meurement pesées, burelées & iustifiées, les commoditez bes bottes recognuës si grandes, qui sera si hardy d'en oser medire? voyons nous pas qu'elles seruent

en tout temps pour aller à pied sans cheual? y a il rien de
plus gentil & mirlifique, que voit vn homme perruqué,
escharpé, botté & esperonné? est-ce pas vn traict d'espargne, prouenant d'vn bon esprit ? Le pauure Platon fut
estimé fol autresfois, parce qu'il descendit du cheual aussi
tost qu'il y fut môté, il me semble d'en auoir ouy la cause,
& ay ouy dire que ce fut parce qu'il se recogneut estre sâs
bottes. Ainsi par consequent ie concluds, soit en Baroco,
fadesmo, oû autrement comme on le trouuerra meilleur,
qu'vn homme est tousiours plus asseuré des chiens auec
des bottes qu'auec vn bas de toile, principalement quand
les esperons y tiennent , & qu'il ne doit pour son honneur aller à cheual sans bottes. Ainsi se trouue verifiee ceste generale & merueilleuse prediction du grand Artus
au large bonnet flocqué qui viuoit du temps de son grâd
frere Desiré bon homme des entomeures, soubz le pilier
verd des gras fromages aux halles , qui a predit qu'au
temps que les Grues pondroient en l'air on verroit de
tres-grandes merueilles, à sçauoir des cheuaux en pour-
point, & des hommes bottez sans mule. Finalement
pour euiter à toutes questions, noises, frais & debats à
esté d'vn mutuel accord & consentement conclud clos
& arresté entre tous les autres estats qui y pourroient ou
voudroient pretendre quelque interest, & les susdits Sau-
uetiers, tant des Halles, Sauaterie, rue de la Poterie & ail-
leurs, és lieux de leur fripperie, tous assemblez à la table
Roland, & par tout où le vin à esté trouué le meilleur,
que lesdits Sauatiers n'achepteront ny vendront desor-
mais tant en gros qu'en detail aucunes bottes tant crot-
tez qu'autrement, si le cheual, mulet ou asne à scelle ne les
cautionne deuëment & suffisamment. Mais il est appa-
rent & notoire qu'il n'y a point de cheual à l'estable faute d'auoine, de foin & d'argent, qui est le pis, ergo gluë.

& c. les bottes sans cheual sont fessees, biffees & annulee
& re mises és pieds & iambes de ceux qui auront le moy
de les entretenir auec leurs despendances, & ce soub:
ceste moderation.

Vado pedes quando copia desit equi.

Ie vous botte en attendant vn cheual.

Ie vous conseille donc bonnes gens bottez, sans cheual,
laissez ces bottes aux Seigneurs & Gentil-hommes qui
ont moyen d'auoir des cheuaux. cela vous eschaufe trop
les iambes & vous empesche, aussi n'auez vous accoustu-
mé d'en porter, côme n'estant vostre estat: ie vous asseure
qu'on se mocquera de vous, & ce que ie voy arriuer de
pis, c'est qu'il les fandra à la fin vendre à mesprix pour
payer voz gistes, car les hostesses de Paris n'ont que faire
de bottes, elles veulent d'argent. Adieu, soyez sages.

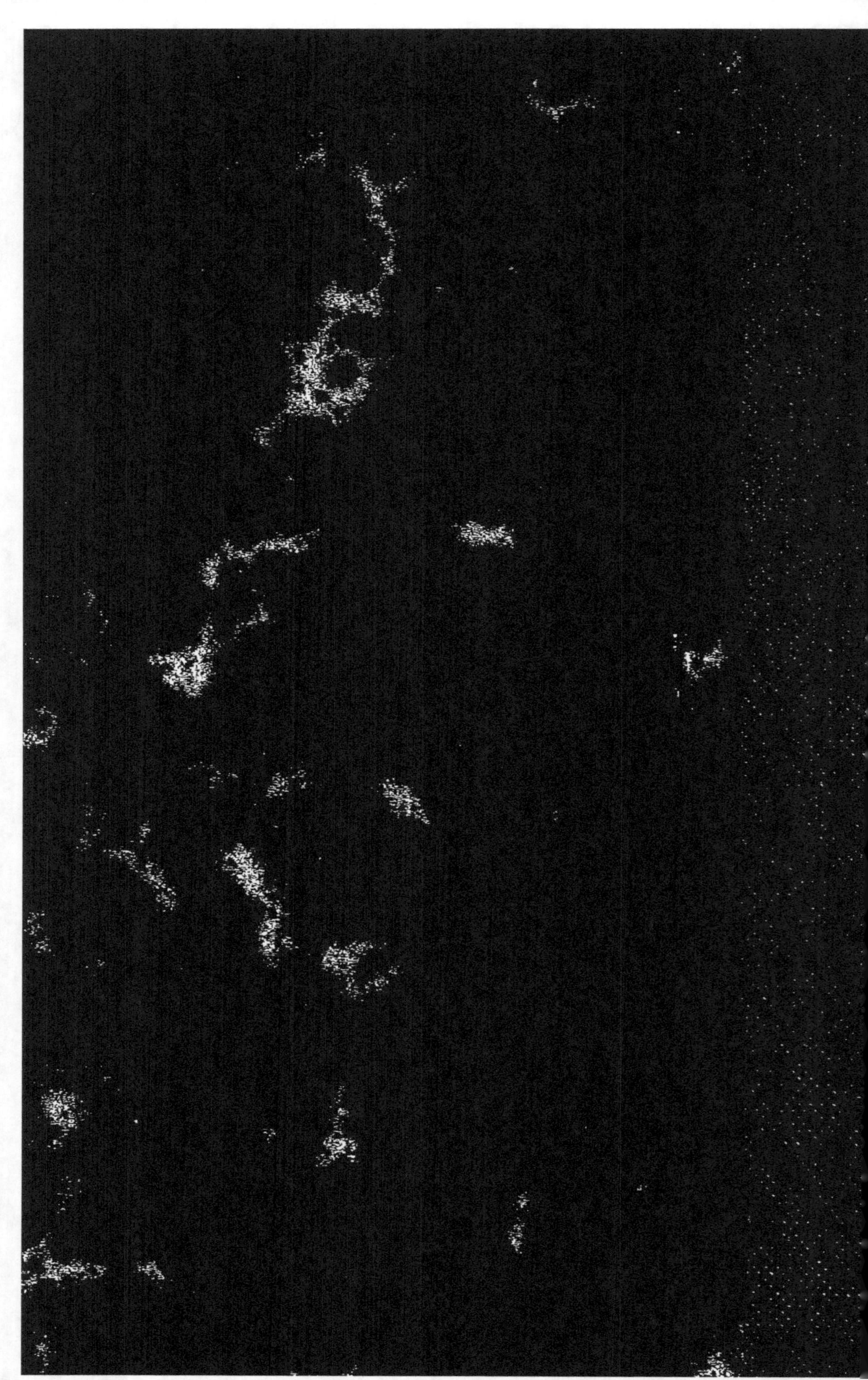